Quelle Histoire
EDITIONS

Historia

Conception graphique : Quelle Histoire
Illustrations : Bruno Wennagel, Mathieu Ferret
Textes : Patricia Crété et Pierre Baron

15 avenue de Villiers, 75017 Paris

Imprimé en France par Stin Imprimerie - Toulouse
Fabriqué par Labelfab www.labelfab.fr

ULYSSE

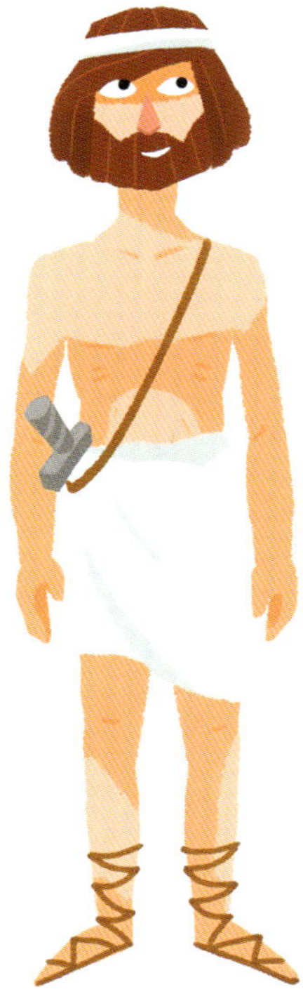

LA JEUNESSE D'ULYSSE

Dans la petite île d'Ithaque, en Grèce, vit le roi Laërte et sa famille. Leur palais magnifique est construit tout en haut de la montagne. Laërte est marié à la jolie et douce Anticlée. Ils ont un petit garçon. « C'est un bel enfant ! On l'a appelé Ulysse », raconte le grand-père Autolycos, le plus rusé des habitants du royaume. « Il ressemble beaucoup à son papa, il est brun avec des cheveux bouclés. Mais il a les yeux de sa maman. Je crois bien qu'il régnera à son tour sur ce pays de pêcheurs et de chasseurs ». Argos, le chien, accompagne partout Ulysse. Ils courent ensemble dans la campagne à la recherche des lapins et, parfois, de gros sangliers.

I

ULYSSE AMOUREUX

Ulysse a grandi. C'est maintenant le roi d'Ithaque. Il se rend au royaume voisin de Sparte pour y rencontrer une très jolie princesse. Elle s'appelle Pénélope. « Comme tu es belle ! la plus belle de toutes les jeunes filles du royaume », s'écrie Ulysse. Il est amoureux. Et voudrait bien se marier tout de suite. Mais il doit d'abord remporter un concours organisé par le père de Pénélope. « Hourrah, j'ai gagné ! Je vais pouvoir me marier ». Et c'est ainsi que Pénélope devient la femme d'Uysse et donne bien vite naissance à un petit garçon, Télémaque.

LA GUERRE DE TROIE

La guerre éclate car le prince de Troie, Pâris, a enlevé la belle Hélène, la cousine de Pénélope. Tous les rois grecs, dont Ulysse, sont partis la libérer. Ulysse n'aime pas les armes. Et puis ce n'est pas un costaud comme les autres guerriers, comme Achille, réputé pour son courage et sa force. Mais il est bien plus futé. « Regardez ce que nous avons inventé… un cheval tout en bois, haut comme une montagne. Je vais entrer à l'intérieur avec beaucoup d'autres soldats. Les Troyens croiront que c'est un cadeau. Ils vont ouvrir les portes pour le prendre, nous, nous serons dedans et nous entrerons dans la ville. Génial, non ? »

LES LOTOPHAGES

Les combats durent dix ans. Les Grecs gagnent la guerre. Chacun peut rentrer chez soi. Ulysse embarque avec ses compagnons. « Ouf, nous rentrons. Larguez les amarres ! Destination Ithaque ». Le jeune roi et ses amis, poussés par les vents, s'arrêtent d'abord chez les Cicones, des guerriers menaçants. Puis chez les Lotophages, des gens très doux et très gentils. Qui se nourrissent de plantes qu'ils offrent aux voyageurs. « Que c'est bon ! ça a le goût du miel, dit l'un. On dirait des lotus, dit l'autre. » Ce sont bien des lotus. Mais ils font perdre la mémoire. Bien vite, pas un homme ne veut reprendre la mer, car ils ont oublié qui ils sont et où ils vont. Ulysse se fâche et doit les ramener de force sur les bateaux.

IV

LE CYCLOPE

Un jour, Ulysse et ses hommes débarquent sur une terre inconnue. Au loin, ils entendent : « Béh, béh. » En cherchant bien, ils découvrent dans une grotte un troupeau de moutons, de brebis et de chèvres. Dans la caverne, ils trouvent aussi plein de fromages et du lait frais. Comme ils ont très faim, ils tuent quelques bêtes et les font rôtir – comme pour un barbecue. C'est alors qu'arrive le propriétaire, une bien étrange personne. « Comme il est grand ! C'est un géant. Et puis, c'est bizarre, il n'a qu'un œil au milieu du front ! C'est normal ? » Et oui, c'est normal. Car les marins se trouvent sur l'île des Yeux-Ronds, leurs habitants sont les Cyclopes, les fils du dieu Poséidon, celui qui provoque les tempêtes. Lui, c'et Polyphème. Et il est très, mais vraiment très en colère. Ulysse et ses amis, terrorisés, parviennent en courant comme des fous à lui échapper et à rejoindre leurs navires.

V

LA TEMPÊTE DES VENTS

On retrouve toute la troupe dans un grand manoir entouré d'une haute muraille, chez Éole, le dieu des vents, qui vit là avec ses 12 enfants. Après avoir été chouchoutés pendant un mois, il est temps de repartir. Éole dit à Ulysse : « Écoute-moi bien. J'ai emprisonné tous les vents violents dans cette grosse outre. Seule une petite brise vous poussera chez vous. Surtout, ne l'ouvre pas. Sinon… gare à la tempête. » Alors qu'apparaît au loin Ithaque et qu'Ulysse prend un repos bien mérité, des marins découvrent l'outre : « Qu'est ce qu'elle contient ? Du vin ? Des pièces d'or ? On va voir… » Et ce qui devait arriver arriva… Les vents s'échappent, pas contents du tout, les voiles se gonflent et les navires sont emportés vers le large.

CIRCÉ LA MAGICIENNE

A peine délivrés d'un horrible géant, du nom d'Antiphatès, de la tribu des Lestrygons, les marins débarquent sur un îlot magnifique – avec des ruisseaux qui chantent et de belles forêts. Quelques hommes partent en expédition et rencontrent la maîtresse des lieux : la magicienne Circé. « Vous devez avoir faim et soif après un si long voyage. Partageons un bon repas. Tenez, buvez ce délicieux mélange de vin, de lait et de miel ». Sitôt dit, sitôt fait… Mais les hommes se transforment en cochons, tout roses, avec de petites queues en tire-bouchon. C'est la panique. Heureusement Ulysse, avec l'aide d'Hermès, le messager des dieux, va les secourir. Et oblige Circé à leur redonner leur aspect humain. Ils vont alors passer des jours heureux auprès d'elle.

VII

LES ENFERS

Il est temps de partir. Direction : les Enfers où Ulysse doit, suivant les conseils de la magicienne Circé, trouver le célèbre devin Tirésias qui lui prédira son avenir. C'est au pays des Cimmériens, où le soleil ne se lève jamais, que les hommes débarquent. Là, Ulysse creuse un grand trou. Et, du bord, il a une vue plongeante sur le royaume des morts : il reconnaît ses amis tués à Troie, sa mère Anticlée et, surtout, Tirésias. Toujours aussi intimidant, l'aveugle de Thèbes a conservé tout son esprit et dit : « Ne t'inquiète pas. Tu vas rentrer dans ton royaume d'Ithaque et retrouver ta douce Pénélope. Et aussi Télémaque, ton fils. Mais le chemin sera difficile et tu perdras tes compagnons. Toi seul réussira. »

Ulysse retourne alors à son navire.

VIII

LES SIRÈNES

Circé, la magicienne, a dit à Ulysse de faire bien attention aux Sirènes qui se cachent dans les falaises d'une île voisine. Ce ne sont pas des femmes-poissons, comme on les connaît aujourd'hui, mais d'horribles femmes-oiseaux, aux griffes pointues. Elles chantent des mélodies très douces qui attirent les marins vers les rochers et font sombrer leurs navires. Ulysse est très curieux, mais aussi très futé. Il dit à ses marins : « Attachez-moi bien au mât et, vous, je vais vous boucher les oreilles avec de la cire. Comme cela, moi, j'écouterai et, vous, vous naviguerez. Et nous ne ferons pas naufrage ». Ce qui est fait. Et tout se passe pour le mieux.

IX

CHARYBDE ET SCYLLA

Surgissant de chaque côté d'un étroit passage, on appelle cela un détroit, deux horribles monstres montent la garde : Charybde – qui avale et recrache des tonnes d'eau, trois fois par jour - et Scylla – qui a six gueules de chien et de grosses pattes griffues. Quelques marins sont mangés par Scylla. Et Ulysse est emporté à l'intérieur de Charybde : « Laisse-moi, je ne t'ai rien fait. Et puis tu sens mauvais et c'est tout noir. Je veux sortir – tout de suite », crie-t-il du fond du gosier de la bête. Qui a, alors, une espèce de gros hoquet et recrache le pauvre Ulysse, tout mouillé et tout apeuré. « Ouf, me voici libre. »

L'ÎLE DU SOLEIL

Voici l'île du dieu Soleil. Les marins voient dans les prairies de magnifiques bœufs. Ils sont tout blancs, sans aucune tache noire ou marron comme les vaches de chez nous. Les hommes n'ont plus rien à manger. Alors, ils accostent, et décident de tuer une ou deux bêtes. Ulysse les met en garde : « Le dieu Soleil a très mauvais caractère et ne veut pas que l'on touche à son troupeau. On raconte aussi que les steacks, une fois cuits, continuent de meugler. Je vous interdis de... - Qu'est-ce que tu racontes ? Ce sont des histoires à dormir debout. Laisse-nous faire. » Et ils font un grand feu pour cuire la viande. Et ils entendent soudain : « Meuh, meuh... ». Le Soleil, aussi, a entendu. Il se fâche tout rouge et demande à Zeus, le roi des dieux, de détruire le navire quand les hommes repartiront. Un éclair, la foudre... Seul Ulysse survivra.

XI

LA NYMPHE CALYPSO

Pendant des jours, accroché à un morceau de bois, Ulysse dérive. Il arrive ainsi dans l'île d'Ogygie où vit une très belle déesse : la nymphe Calypso qui tombe amoureuse de lui dès qu'elle le voit ! Ils s'aiment. Mais Ulysse ne peut oublier sa famille et son royaume. « Calypso, il faut que tu comprennes. Tu es très belle et la vie, ici, est agréable. Mais ma femme et mon fils me manquent. Ils doivent se demander si je suis encore vivant. Il faut absolument que je retourne chez moi ». La nymphe fait la sourde oreille. Jusqu'au jour où elle reçoit la visite d'Hermès qui lui ordonne de laisser partir le Grec. C'est le cœur lourd et des larmes plein les yeux qu'elle voit le radeau de son prince charmant s'éloigner.

LA COLÈRE DE POSÉIDON

Poséidon, très en colère, déclenche encore une violente tempête, toujours pour venger la mort de son fils Polyphème, le Cyclope. Alors qu'Ulysse, seul sur son radeau secoué par de grosses vagues, va se noyer, Ino la déesse de l'Écume, qui deviendra la protectrice des marins et des naufragés, vient à son secours. Le voilà sauvé. Il va s'échouer sur une plage de l'île des Phéaciens, un peuple de riches commerçants. Il est invité au palais du roi, où l'on prend soin de lui. Il se met à raconter ses aventures : « Je suis le roi d'Ithaque. Il y a bien longtemps, j'ai pris la mer pour aller combattre à Troie... » Nausicaa, la fille unique du souverain, n'a d'yeux que pour ce bel étranger. Mais Ulysse veut rentrer à la maison. Alors un des navires du roi va le conduire à son île natale qu'il atteint au petit matin.

LA RUSE DE PÉNÉLOPE

Pendant ce temps-là, au palais d'Ithaque, Pénélope attend son cher Ulysse. Les années passent et nombreux sont ceux qui lui disent de se remarier. Mais elle est certaine qu'il va revenir. Comment faire patienter ceux qui veulent l'épouser ? « Je choisirai, leur dit-elle, quand j'aurai fini de tisser ce grand drap dans lequel mon beau-père sera enterré ». Mais elle ruse : elle tisse dans la journée et, la nuit, défait son travail. « Comme cela je gagne du temps et le drap ne sera jamais terminé avant le retour d'Ulysse ». Malheureusement une servante la surprend un jour et Pénélope doit se décider à prendre un nouveau mari.

LE CONCOURS

Pénélope organise alors un grand concours de tir à l'arc pour départager les nombreux hommes qui veulent l'épouser. « Je suis bien triste mais je n'ai plus le choix », dit-elle, en regardant vers le large. Pas une voile à l'horizon. « Je prendrai celui qui sera le plus habile. » Un mendiant que personne ne connaît, vieux et sale, s'inscrit au concours. Et il gagne. Surprise dans le public. L'ancienne nounou d'Ulysse et son chien Argos sont les premiers à reconnaître le voyageur. « C'est lui, c'est notre maître ». Pénélope s'élance à son tour et tombe dans ses bras. Alors que Télémaque son fils, parti à sa recherche, ne tarde pas à les rejoindre. La vie peut alors reprendre son cours. « Vive le roi, vive le roi d'Ithaque ».

CARTE DE L'ODYSSÉE
1
2
3
4
5
6
7
8
9
10
11
12

LÉGENDE DE LA CARTE

1

ITHAQUE

C'est une île de 6 km^2 qui compte aujourd'hui 3200 habitants. C'est là qu'est né Ulysse.

2

TROIE

Cette ville, entourée de hautes murailles, se situe au nord, de l'actuelle Turquie.

3

DJERBA

C'est en Tunisie qu'on situe la terre des Lotophages, mangeurs de lotus.

4

BAIE DE NAPLES

Ce golfe d'Italie, proche du volcan Vésuve, compte des petites îles dont l'une abrite les Cyclopes.

5

STROMBOLI

Ce volcan fait partie des îles Éoliennes, situées au nord de la Sicile. C'est là qu'habite Éole.

6

MT CIRCÉ

Cette colline de calcaire, de 541 mètres de hauteur, doit son nom à la magicienne Circée.

7

MISÈNE

Le cap Misène s'ouvre sur la mer Tyrrhénienne ; c'est là que se situent les Enfers.

8

LES GALLI

Cet archipel d'îles est situé sur la côte Amalfitaine. Il abrite les terribles les Sirènes.

9

MESSINE

L'étroit passage du détroit de Messine est gardé par les deux monstres Charybde et Scylla.

10

SICILE

La plus grande île de Méditerranée abrite les bœufs sacrés du Dieu du Soleil.

11

GOZO

C'est sur cette petite île proche de Malte qu'habite la belle nymphe Calypso.

12

CORFOU

Cette île grecque de la mer Ionienne s'appelle à l'origine Corcyre. Elle abrite les Phéaciens.

Ulysse est également disponible
sur SmartPhone et Tablette !

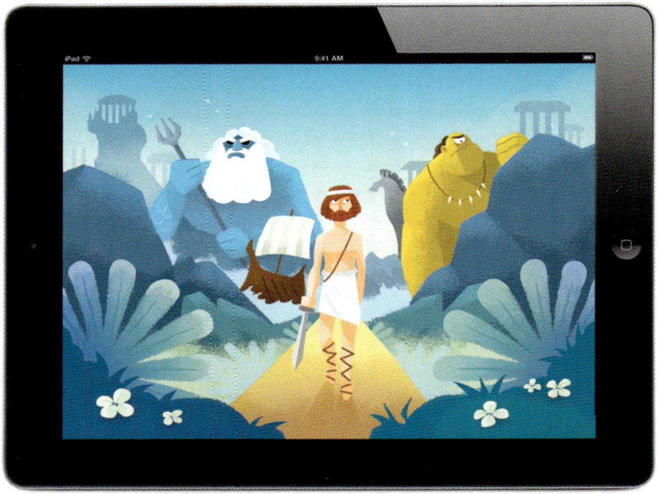

Découvrez vite l'application Ulysse sur Smart-Phone et Tablettes avec des dizaines de mini-jeux interactifs, les fiches portraits des principaux dieux, monstres et héros et tout l'univers d'Ulysse animé !

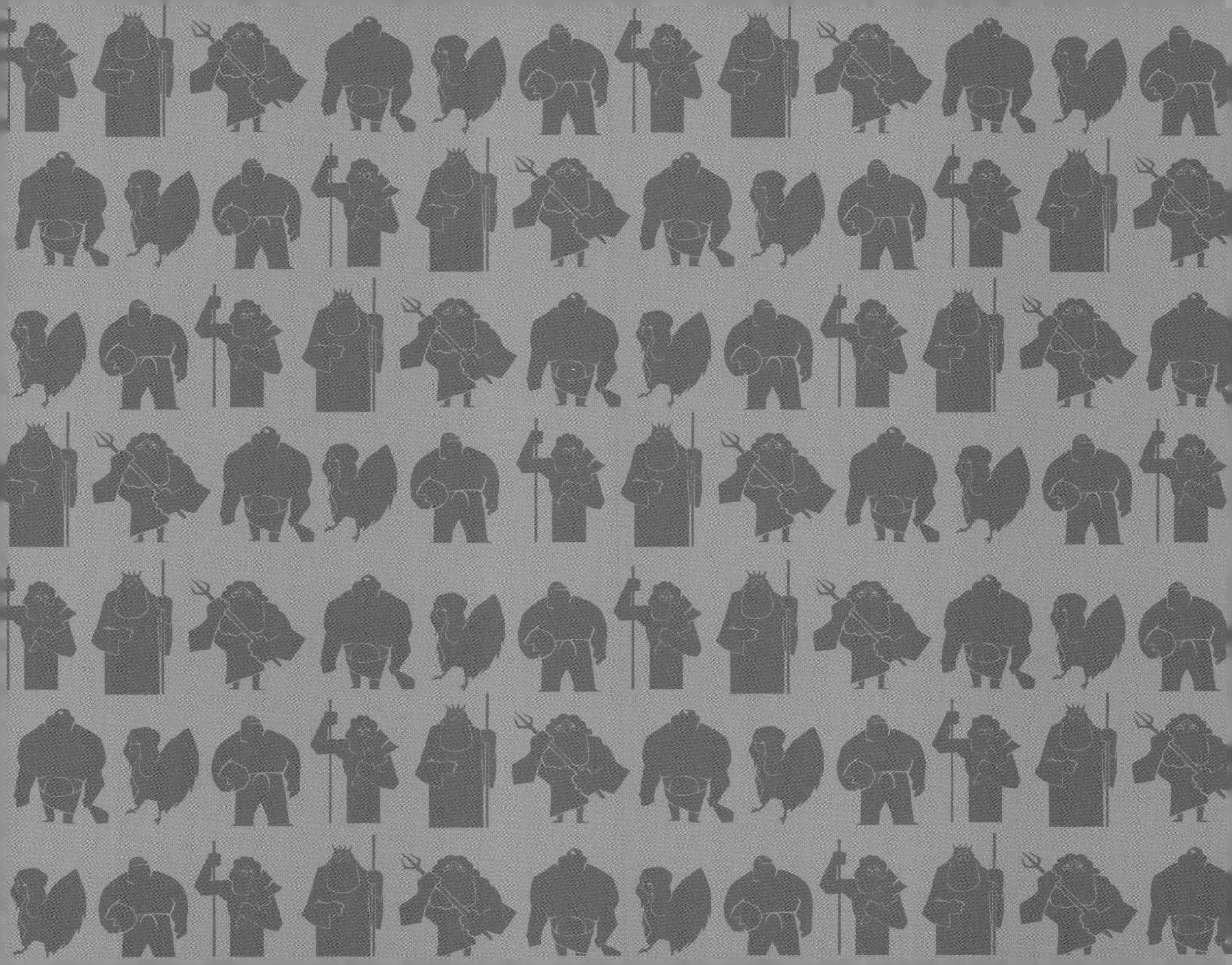

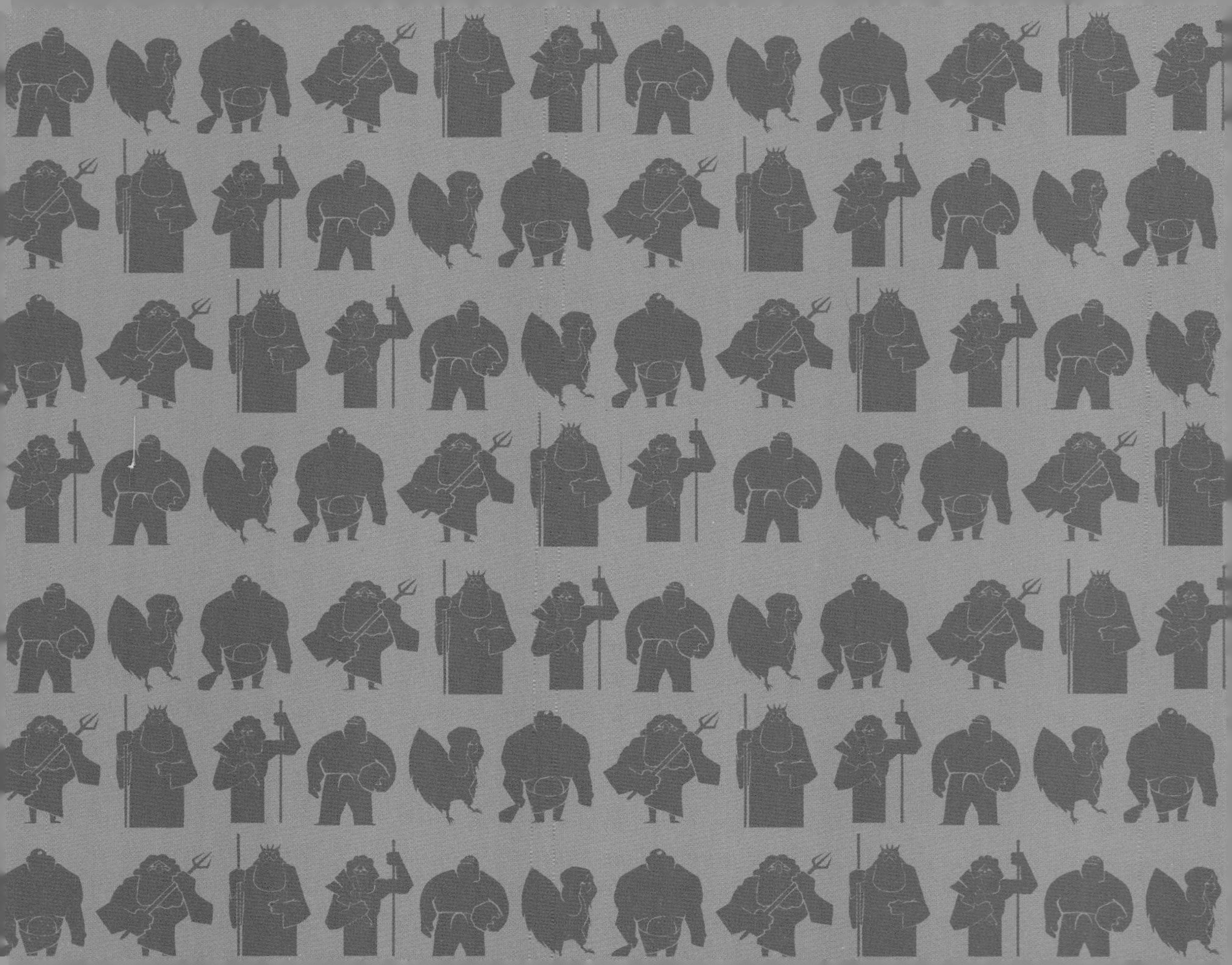